Daniel Dorniok

Intelligente Netzwerke - Von skalenfreien Netzen und Small Worlds

GRIN Verlag

Bibliografische Information der Deutschen Nationalbibliothek:

Die Deutsche Bibliothek verzeichnet diese Publikation in der Deutschen National-
bibliografie; detaillierte bibliografische Daten sind im Internet über http://dnb.d-
nb.de/ abrufbar.

Impressum:

Copyright © 2005 GRIN Verlag GmbH
Druck und Bindung: Books on Demand GmbH, Norderstedt Germany
ISBN: 978-3-638-92524-2

Dieses Buch bei GRIN:

http://www.grin.com/de/e-book/58291/intelligente-netzwerke-von-skalenfreien-
netzen-und-small-worlds

GRIN - Your knowledge has value

Der GRIN Verlag publiziert seit 1998 wissenschaftliche Arbeiten von Studenten, Hochschullehrern und anderen Akademikern als eBook und gedrucktes Buch. Die Verlagswebsite www.grin.com ist die ideale Plattform zur Veröffentlichung von Hausarbeiten, Abschlussarbeiten, wissenschaftlichen Aufsätzen, Dissertationen und Fachbüchern.

Besuchen Sie uns im Internet:

http://www.grin.com/

http://www.facebook.com/grincom

http://www.twitter.com/grin_com

Universität Bremen
Systemische Prinzipien und Interventionen
in der Praxis des Change Management

Intelligente Netzwerke

Von skalenfreien Netzen und Small Worlds

Daniel Dorniok

INHALTSVERZEICHNIS

1. Einleitung

Theoretisch sind komplexe Netze und Systeme von verschiedenster Art denkbar und unterscheidbar. So zum Beispiel Nervensysteme, Ökosysteme, soziale Systeme, die Gesellschaft, Stromnetze, Transportsysteme, das Internet, das World Wide Web, die Sprache etc. Um untersuchen zu können, ob diese auf den ersten Blick grundverschiedenen und vielfältigen Konzepte von Netzen und Systemen trotzdem gemeinsame Organisationsprinzipien aufweisen und oder bestimmten Gesetzmäßigkeiten gehorchen, sind Netze als Graphen zu unterscheiden und zu operationalisieren. Graphen der Graphentheorie stellen die jeweiligen Elemente als Knoten abstrahiert in einem gedachten Netz und die Beziehungen zwischen ihnen als Fäden oder auch Kanten dar. Das Grundprinzip ist dabei also, dass einzelne Objekte, z. B. Personen oder Zellen als Knoten repräsentiert sind, zwischen denen eine Kante besteht, wenn zwischen ihnen eine bestimmte, dann näher spezifizierbare Beziehung besteht.

Durch dieses Vorgehen werden die verschiedenen Netze vergleichbar. Für die Untersuchung irrelevante Unterschiede werden eliminiert und interessierende potentielle Gemeinsamkeiten werden vergleichbar.

Auf diese Weise wird deutlich, dass viele Netze ganz bestimmte Eigenschaften aufweisen. Die mathematisierte Netzwerkforschung konnte eine Pluralität von Strukturmustern feststellen, manche Prinzipien liegen vielen komplexen Systemen zugrunde. Besonders interessant sind dabei aber die skalenfreien Netze. Sie zeichnen sich dadurch aus, dass sie durch eine relativ geringe Zahl von sehr großen Knoten beherrscht werden, die mit sehr vielen andern verbunden sind. Als Größe wird dabei also die Anzahl der Verbindungen, die von einem Knoten ausgehen, bezeichnet. Sehr große Knoten werden als Superknoten, Naben oder Hubs bezeichnet.[1]

Skalenfreie Netze sind weiter zu unterscheiden als maßstabslose Netze, in denen es keine Knotengröße gibt, die als normal, als für das Netz typisch zu identifizieren wäre und damit einen Maßstab stellen könnte. Den skalenfreien Netzen fehlt also ein innerer Maßstab, denn keine Knotengröße tritt bevorzugt auf. Allerdings treten Knoten umso zahlreicher auf, je kleiner sie sind, das heißt, je weniger Verbindungen sie ausweisen. Durch diese Konstruktionen der Netze sind sie enorm unempfindlich gegenüber zufälligen Störungen, aber auch sehr anfällig bei gezielten Angriffen. Um zu diesen besonderen Netzen zu kommen, schlagen wir den Weg von Small World Konzepten über die Annahme von vollkommen zufälligen Netzen zu vollkommen geordneten Netzen zu solchen, die zwischen Chaos und Ordnung liegen, um schließlich zu skalenfreien Netzen zu gelangen.

---

[1] Hub = Nabe, Nabel, Mittelpunkt, auch Superknoten in Netzwerken halten das Netz zusammen, in Anlehnung an die Speichen, die von einer Fahrradnabe abgehen, siehe dazu Barabási & Bonabeau (2004) S. 62

2. Small Worlds

2.1. Das Milgram Experiment

Der US-amerikanische Sozialpsychologe Stanley Milgram stellte in den 60er Jahren experimentell fest, dass beliebige Menschen durch und über eine Kette von durchschnittlich 6 Personen („six degrees of separation") mit beliebigen anderen Personen verbunden sind.[2] Er konstatierte ein Netz von Beziehungen, das Individuen zu einer Gesellschaft verbindet und zwar immer in durchschnittlich 6 Zwischenschritten zwischen zwei beliebigen Menschen. Er gab um seine Hypothesen zu testen zufällig ausgewählten Versuchspersonen einen Brief, den sie an eine ihnen völlig unbekannte Zielperson schicken sollten, indem sie ihn einer ihr bekannten Person geben sollten, von der sie glaubten, dass sie der Zielperson näher stehen würde als sie selbst. Diese sollte dann ebenso verfahren bis der Brief schließlich sein Ziel erreicht hat.

Kritisch anzumerken ist dabei allerdings, dass nur ein Bruchteil der von Milgram verteilten Briefe auch den Adressaten erreichte, nämlich nur 0,5 % in der Erststudie und 21 % in einer Zweitstudie, in der allerdings mit nicht zufällig ausgewählten Personen verfahren und getestet wurde. Es ist also eine geringe Rücklaufquote und die Möglichkeit, dass dieses Ergebnis ein Methodenartefakt darstellt zu berücksichtigen. Es lässt sich aber zumindest sagen, dass dieses Ergebnis erste Hinweise auf eine Small World Struktur zulässt.[3]

Weiter zu beachten ist, dass es sehr wahrscheinlich ist, dass in sozialen Netzen zwei Knoten, die jeweils eine Kante zu einem dritten Knoten haben, auch untereinander verbunden sind, dass also beispielsweise die Freunde einer Person sich auch untereinander kennen, weil sie sich z. B. über den gemeinsamen Freund kennen gelernt haben. Dies würde eine hohe Clusterdichte zur Folge haben. Wobei Cluster als viele starke gegenseitige Verbindungen und Beziehungen im unmittelbaren Umfeld zu definieren wäre, als in sich mehr oder weniger geschlossene Gruppen.

Der Durchmesser dieser Small Worlds, also der Wert um von einem beliebigen A zu einem beliebigen B zu gelangen, ist dabei relativ klein. Das bedeutet, dass eine Nachricht, die jeweils von einem Knoten über eine Kante zu allen seinen Nachbarknoten weitergereicht wird, in kürzester Zeit alle Knoten in dem Netzwerk erreicht hat. Von besonderer Bedeutung sind somit bestimmte Verbindungen zu einzelnen weit entfernten Knoten. Doch zunächst noch einmal zu den sechs Zwischenschritten.

2.2. Erdös

Der Mathematiker Paul Erdös konnte zeigen, dass wenn die Beziehungen von Menschen zufällig über die Welt verteilt wären, diese sechs Zwischenschritte völlig ausreichen und normal wären, um beliebige Menschen miteinander zu verbinden, wenn man annimmt, dass jeder Mensch mit 50 anderen Menschen verbunden ist.[4] Im ersten Schritt kennt man 50 andere Menschen, im zweiten Schritt 2500, beim dritten Schritt schon 50*2500=125000 und so weiter. Beim sechsten Schritt liegt die Zahl von 15625000000 über der Zahl der Erdbewohner.

---

[2] Milgram (1967)
[3] Duncan Watts versuchte die Hypothesen Milgrams für den Emailverkehr zu testen und bekam ähnliche geringe Zahlen für eine erfolgreiche Vermittlung (1,5 %).
[4] aus Buchanan (2002)

Allerdings: Beziehungen zwischen Menschen verteilen sich wohl nicht zufällig über die Erde, sondern richten sich nach bestimmten menschlichen Kalkülen, es bilden sich Cluster.

2.3 Granovetter

Der Soziologe Mark Granovetter untersuchte die Beziehungen zwischen Menschen genauer und unterschied zwischen schwachen Verbindungen, starken Verbindungen und sozialen Brücken.[5] Wechselseitige starke Bindungen sind dabei als Cluster zu sehen, während schwache Bindungen und soziale Brücken die verschiedenen Cluster miteinander zu einem Netzwerk verbinden. Diese sozialen Brücken sind für den Zusammenhalt des sozialen Gefüges entscheidend. Fallen sie weg, bricht das Netzwerk in Stücke. Soziale Brücken sind meistens schwache Bindungen, so auch Granovetters Titel von seinem 1973 veröffentlichten Werkes: „Die Stärke schwacher Bindungen".
Die schwachen Bindungen und sozialen Brücken sind sozusagen Abkürzungen in andere Gruppen, andere Cluster, die diese zu einer Gesellschaft im Sinne eines einheitlichen Netzes zusammenhalten.

2.4. Baran und seine intelligenten Netzwerke

Als erste praktische Anwendung theoretischer Überlegungen zum Aufbau von Netzen die Daten intelligent verarbeiten und weiterleiten können ist Paul Baran Arbeit zu nennen.[6] Baran sollte schon 1964 für die Luftwaffe ein Kommunikationsnetz schaffen, das nicht so verletzlich war wie das zentral organisierte Telefonsystem der USA zu dieser Zeit. Denn, wenn hier bestimmte zentrale Schlüsselstellen zerstört werden, bricht das gesamte Netz zusammen. Baran schwebte ein geordnetes dezentrales Netz mit einem geringen Redundanzniveau, also einer geringen mittleren Zahl von Leitungen je Knoten von drei vor. Das Netz ist damit so redundant, dass eine Nachricht über verschiedene Wege und um zerstörte Verbindungen herum von A nach B geleitet werden kann und zwar auf dem schnellsten Weg, indem die Computer die Zeit der Nachrichtenübermittlung und die Zerstörung bestimmter Verbindungen registrieren, um das Netzwerk anpassen zu können. Es verfügt also über eine eigene Art von Intelligenz und ist sehr flexibel. Auch ein solches geordnetes dezentrales Netz ist wie ein skalenfreies Netz schon relativ widerstandsfähig gegen zufällige Funktionsstörungen und aber auch relativ anfällig gegenüber koordinierten Angriffen. Mit einer solchen Art von Netz experimentierten Watts und Strogatz und kamen zu bemerkenswerten Ergebnissen.

2.4. Watts und Strogatz

Watts und Strogatz entdeckten, dass es durch die Einstreuung von Zufallsverbindungen in eine geordneten Welt, ein geordnetes Netz, - in der normalerweise die Zahl der nötigen Zwischenschritte, um von A nach B zu gelangen sehr hoch ist, möglich ist - eine Small World zu machen.[7] Die von ihnen konstruierten Netze existieren zwischen Chaos und Ordnung, besser

---

[5] Granovetter (1973)
[6] aus Buchanan (2002)
[7] aus Buchanan (2002)

gesagt, zwischen Ordnung und Chaos, denn Watts und Strogatz streuten zufällig Verbindungen in ein ursprünglich geordnetes Netz, welches an einem bestimmten Punkt, bei zu vielen Zufallsverbindungen ins Chaos fällt. Die Netze, vor diesem kritischen Punkt besitzen eine Small World Struktur, aber ebenfalls Cluster, wie reale soziale Netzwerke. Hier stehen sozusagen Chaos und Ordnung in einem Gleichgewicht.

Diese Entdeckungen überprüften sie an der Internet Movie Database, dem größten Datensatz eines sozialen Netzwerkes, den sie fanden. In diesem Netz beträgt der Wert für die Zwischenschritte 3,65 und der Wert für die Clusterdichte liegt bei 0,79. Jeder 225.226 Schauspieler hat im Durchschnitt 61 Verbindungen. Wobei sie als verbunden gelten, wenn sie in einem gemeinsamen Film gespielt haben. Während ein im Vergleich per Zufall konstruiertes Netzwerk mit identischen Randbedingungen durchschnittlich nur 2,99 Zwischenschritte, aber auch nur eine Clusterdichte von 0,00027 hätte, was keinerlei Entsprechung mit beobachteten sozialen Netzen hat.

Auch fürs amerikanische Stormnetz fanden sie diese Small World Struktur. Stromnetze und soziale Netze weisen somit dieselbe Grundstruktur auf. Das eine Mal wohl von sozialen Kräften wie Familie, Schulen etc. geprägt; das andere Mal durch ökonomische, technologische Faktoren und wohl auch das Bevölkerungswachstum beeinflusst.

Diese Ergebnisse zur Organisation von Netzwerken und zur Organisation von Datenverarbeitung im weitesten Sinne brachten sie mit Untersuchungen zusammen, die sie an Glühwürmchen gemacht hatten. Mittels einer Computersimulation kamen sie zu der Erkenntnis, dass die Synchronisation der Tiere im Bezug auf ihr Leuchten, also die Herstellung einer allgemeinen übergreifenden Ordnung, fast so schnell zustande kommt, wenn jedes Tier nur 4 oder andere 5 andere beobachtet und sich auf diese abstimmt, wie als wenn es alle anderen beobachten würde. Diese Strategie ist natürlich sehr effektiv, wenn es um die Organisation von Datenverarbeitung geht. Es reicht also, wenn sich bestimmte Elemente in Clustern untereinander abstimmen und die Information dann über wenige Zwischenschritte und relativ schwache, dafür aber lange Verbindungen schnell über das ganze Netz ausgebreitet wird.

Solch eine Struktur findet sich bei sozialen Netzwerken, Stromnetzen, Nervensystemen, Internet, World Wide Web, Nahrungsnetzwerken, Ökosystemen, Netzen von Geschäftsbeziehungen, Molekülen in einer Zelle etc. Alle diese Netze sind so organisiert, obwohl sie jeweils anderen Zwecken dienen und unter anderen Bedingungen entstanden sind, aber immer geht es um Datenverarbeitung im weitesten Sinne. Es können mit dieser Theorie Zusammenhänge erklärt werden, die unabhängig von den bestimmten Bausteinen des Netzes sind. Erstmals werden Netzwerke in der Komplexitätstheorie untersucht, die Strukturgesetze für bestimmte Systeme formalisieren sollten. Es werden nicht die einzelnen Bestandteile oder ihre Eigenschaften untersucht, sondern die jeweilige übergeordnete Organisationsform.

3. Skalenfreie Netze

3.1 Das Internet

In Untersuchungen über die Hardware, die physikalische Struktur des Internets, konnten die Brüder Faloutsos[8] das Netz zwischen Routern und ihren Verbindungen als skalenfrei beschreiben. Sie verschickten Datenpakete durch das Internet, die nur 4 Zwischenschritte benötigten, um von einem Punkt zu einem anderen zu gelangen. Das Internet ist ein dezentrales Netzwerk mit einer Small Worlds Struktur. Es unterscheidet sich aber von Watts- und Strogatz Graphen, denn im Internet gibt es Hubs. Die Clusterdichte des Internets ist 10 mal größer als bei einem Zufallsnetzwerk, aber es ist auch nicht so geordnet wie noch bei Paul Baran. Es ist ein selbst organisiertes Netz mit der Fähigkeit der Informationsübertragung zwischen beliebigen Punkten und nur wenigen Zwischenschritten. Das Internet wächst ohne zentrale Planung. Die Knoten, die eine große Zahl von Verbindungen haben, signifikant mehr als die anderen, werden als Hubs, als Superknoten bezeichnet. Über sie läuft ein höherer Anteil des Informationsverkehrs. Baran dachte dies nicht mit, bei ihm hatte jeder Knoten die gleiche Anzahl von Verbindungen. Wenn man einen Graphen mit der Häufigkeitsverteilung, der Anzahl der Verbindungen der einzelnen Knoten untersucht, erhält man Informationen darüber wie das Netzwerk verdrahtet ist. Die Brüder Faloutsos untersuchten einen Teilbereich des Internets mit 4389 Knoten, die durch 8256 Verbindungen miteinander vernetzt sind. Sie fanden heraus, dass Knoten mit der doppelten Zahl von Verbindungen jeweils 5mal seltener sind. Die Verteilung verhält sich nach einem Potenzgesetz und gilt für Knoten mit wenigen und mit vielen Verbindungen. Die Zahl der Verbindungen pro Element, also die Knotenverbindungsverteilung, folgt dem Potenzgesetz. Also: Die Wahrscheinlichkeit dafür, dass ein beliebiger Knoten genau k Verbindungen hat ist $1/k^n$. Wobei der Exponent n das jeweilige Netz charakterisiert, beim Internet ist er etwa 2, das heißt Knoten mit 5 Verbindungen sind 4 Mal so häufig, wie solche mit 10 Verbindungen. Diese Gesetzmäßigkeit weist auf eine bestimmte Ordnung hin.

3.2. Das World Wide Web

Auch das World Wide Web als Netz von Websites wächst ohne zentral kontrolliert zu werden und besitzt eine solche Small World Struktur, spezifischer: es ist skalenfrei. Als Barabasi[9] und seine Mitarbeiter das World Wide Web kartierten, erwarteten sie eine Zufallsstruktur, die sich aus den vielfältigen Interessen von vielen Nutzern ergeben würde. Sie gingen davon aus, dass die durch Einzelinteressen motivierte Verlinkung von Internetseiten eine zufällige Struktur aufweisen würde; sie fanden aber eine von einer Zufallsstruktur sehr verschiedene Struktur, die wesentlich von sehr wenigen sehr verbindungsreichen Knoten zusammengehalten wurde. Barabasi ließ einen Roboter, den er auf einer beliebigen Website startete und der alle Links sammelte und bei jedem einzelnen Link eben diese Prozedur wiederholte, das Web durchsuchen. Das Programm kartiert das Netz, indem es also von einer Internetseite zur weiteren springt und dabei die Verbindungen aufzeichnet.

---

[8] Faloutsos (1999)
[9] Barabasi (2003)

Er kam zu dem Ergebnis, dass Sites mit doppelt so vielen Links jeweils 5 mal seltener sind. Es gibt nur wenige Knoten mit einer hohen Zahl von Links. Weniger als 0,01 % aller Knoten haben mehr als 1000 Verknüpfungen und selbst ein Knoten auf das mehr als 2 Mio. Dokumente verweisen, wurde entdeckt. Dadurch wird die Wahrscheinlichkeit einen Knoten mit einer sehr großen Zahl von Links zu finden höher als bei einer Normalverteilung, weil viele Links immer wieder auf ganz bestimmte Seiten verweisen. Daraus resultiert, dass einige wenige Knoten über so viele Links verfügen, dass auf sie bereits 80-90 % der Gesamtzahl entfallen. Auf der anderen Seite haben 80 % der Seiten weniger als 4 Verknüpfungen. Die Verteilung der Größe der Seiten folgt einem Potenzgesetz (power law).[10] Die Wahrscheinlichkeit dafür, dass ein beliebiger Knoten genau k Verbindungen aufweist, ist ungefähr proportional zu 1/k^n. Bei Verbindungen, die auf bestimmte Seiten verweisen, ergibt sich für den Exponent n etwa der Wert von 2. Knoten mit k eingehenden Verbindungen sind ungefähr vier mal so häufig wie solche mit der doppelten Anzahl 2k. Die Verteilung fällt monoton, mit zunehmender Größe nimmt auch die Anzahl der Knoten ab. Wenige Naben dominieren das ganze Netz.

Das Potenzgesetz zeigt somit einen Aufbau, der von Superknoten dominiert wird. Man stößt also mit großer Wahrscheinlichkeit auf Sites mit einer großen Zahl von Links, da das Netz durch ebensolche dominiert wird. Viele Dokumente weisen nämlich auf sie und bilden damit auch Cluster. Auch ihre Struktur weist auf eine allgemeine Struktur von Internet und Web hin. Barabasi schätzte den Durchmesser des Web, also den typischen Abstand zwischen zwei Dokumenten, wobei mit Durchmesser die Zahl der Mausklicks gemeint ist, die man braucht, um von einem zufällig ausgewählten Dokument zu einem zufällig ausgewähltem anderen Dokument zu kommen. Sie erhielten einen Wert von 19, was bezogen auf die Milliarden von Dokumenten recht klein ist und eine Beziehung von Small World Struktur und Superknoten nahe legt. Doch allein diese Eigenschaft kann auch ein zufälliges Netz haben. Barabasi und Co konnten weiter zeigen, dass der Durchmesser des Web logarithmisch von der Gesamtzahl der Dokumente abhängt. D. h., dass der Durchschnitt nur ein wenig ansteigt, auch wenn die Zahl der Dokumente stark ansteigt. Ein Wachstum von 1000 % lässt den Durchmesser lediglich von 19 auf 21 ansteigen.[11] Es wird davon ausgegangen, dass das Internet natürliche Ökosysteme an Umfang und Größe übertreffen könnte, da die Struktur des Internets komplexer ist und weiter reicht.[12]

3.3. Weitere skalenfreie Netze

In der amerikanischen Biotechnologieindustrie wurden solche Organisationsprinzipien gefunden, indem man die Kooperations- oder Lizenzvereinbarungen zwischen den Firmen als Verbindungen operationalisierte. Diese Verbindungen vernetzen dann Unternehmen wie Genzyme, Chiron und Genentech. Die drei genannten gelten dabei wohl als Naben, da sie eine sehr große Anzahl von Partnerschaften mit anderen Firmen eingehen.[13] Hier wären Fragen zu stellen: Was passieren würde, wenn diese Big-Player ihre vielen Verbindungen kappen würden oder Insolvenz anmelden müssten? Durch die sehr enge Vernetzung wäre bei dem Ausfall großen Hubs wohl die gesamte amerikanische Biotechnologieindustrie betroffen. Auch in Leistungs- und Leitungsgremien von Unternehmen wie Aufsichtsrat und dergleichen lassen

---

[10] Barabasi (2003)
[11] Albert & Barabasi (1999)
[12] Huberman; Pirolli; Lukose (1998)
[13] Barabási & Bonabeau (2004)

sich starke Vernetzungen mit skalenfreien Eigenschaften zwischen Unternehmen konstatieren.[14]
Weiter konnten auch im Stoffwechselsystem von Zellen von 43 untersuchten Organismen eine skalenfreie Struktur aufgedeckt werden. Die meisten Moleküle dieser Organismen sind nur an einer oder zwei Reaktionen zur Energiegewinnung beteiligt, während wenige Naben z. B. Wasser und Adenosintriphosphat an der Mehrzahl aller Reaktionen beteiligt sind. Auch die Proteine einer Zelle bilden bezüglich ihrer Reaktion miteinander ein skalenfreies Netz. Diese grundverschiedenen Systeme haben über die Skalenfreiheit hinausgehende Gemeinsamkeit noch eine weitere, der Wert des Exponenten n im Potenzgesetz $1/k^n$ liegt zwischen 2 und 3.

Zellulare Netzwerke sind ebenfalls weder geordnet noch zufällig aufgebaut, sondern ähnlich wie Internet und Web. Die Moleküle von untersuchten Organismen sind bezüglich der Zahl der chemischen Reaktionen, an denen sie beteiligt sind, nach einem Potenzgesetz verteilt. Auch Superknoten sind zu finden.[15]

Auch das Zitierverhalten in wissenschaftlichen Zeitschriften folgt dieser Ordnung. Nimmt man an, dass Veröffentlichungen miteinander durch Zitate und Verweise verlinkt sind, oder aber, indem mehrere Wissenschaftler gemeinsam eine Arbeit verfasst haben, dann finden sich auch hier skalenfreie Eigenschaften.[16] So wäre Paul Erdös wohl als ein Hub zu bezeichnen, denn er ist Koautor von 1500 wissenschaftlichen Veröffentlichungen und der mittlere Wert für die Verbindungsschritte zwischen Erdös und einem beliebigen Mathematiker beträgt 4,7 und es wurde kein Mathematiker gefunden, dessen „Erdös-Wert" über 17 liegt.

Untersucht man die Sprache (hier ist aufgrund der vorhandenen Literatur die englische Sprache gemeint) näher, so findet man auch hier skalenfreie Eigenschaften, nimmt man an, Wörter seien miteinander verknüpft, wenn sie nebeneinander in einem englischen Satz auftauchen (a the at usw. als Superknoten) dann ist der Abstand kleiner als 3 und die Clusterdichte 5000 Mal höher als bei einem Zufallsnetzwerk.[17]

Und auch eine Studie über Sexualkontakte in Schweden konnte skalenfreies Netzwerkstrukturen in diesem Fall ausmachen.[18]

Die Beispiele, so verschieden und vielfältig sie auch sein mögen und so individuell die jeweiligen skalenfreien Netze im Einzelnen ausfallen, haben eine besonders hervorstechende Gemeinsamkeit; immer gehorcht die Verteilung der Elemente in Abhängigkeit von der Zahl der jeweiligen Verbindungen dem Potenzgesetz oder anders aus vielen Zufällen, die sich aneinander reihen, entstehen Gesetzmäßigkeiten, Ordnung, Form – Selbstorganisation.

Skalenfreie Netze sind in gewisser Weise auch selbstähnlich, haben fraktalen Charakter, denn was sich auf einer kleinen Ebene bei wenig vernetzten Knoten ereignet und sich beobachten lässt, das ereignet sich auch auf einer größeren Ebene bei sehr großen Hubs. Die Bedeutung des Potenzgesetztes liegt dann darin, dass es eigentlich zeigt wie historisch zufällige Prozesse und Ereignisse eine gesetzmäßige Ordnung schaffen können. Das Potenzgesetz besitz hier sozusagen allgemeine Gültigkeit für das sich Ereignende. Barabasi und Albert untersuchten die Entwicklung von Netzwerken und simulierten ein Modell, in dem im Frühstadium die Elemente der Netze alle gleich gewichtet waren, doch mit der Zeit (im Modell zufällig) wurden bestimmte Element in bezug auf Vernetzung bevorzugt. Im weiteren Verlauf verstärken sich diese Unterschiede immer weiter. Die Reichen werden immer reicher, beliebte Seiten werden verstärkt aufgesucht und verlinked.

[14] Davis; Yoo; Barker (2001)
[15] Jeong; Tampor; Albert; Oltvai; Barabasi (2000)
[16] Redner (1998)
[17] Cancho & Sole (2001)
[18] Liljeros; Edling; Amaral; Stanley; Aberg (2001)

3.4. Entstehung von skalenfreien Netzen

Es wird angenommen, dass skalenfreie Netze ebenso wie zufällige Netze (random networks) durch ein Zufallsprozess entstehen. Barabási und Albert[19] schlugen ein Modell zur Erzeugung skalenfreier Netzwerke vor. Dabei wird mit einer kleinen Anzahl von Knoten (voll verbundenen Netz von drei Knoten) begonnen und in jedem Schritt ein weiterer Knoten hinzugefügt. Der neue Knoten wird jeweils mit bereits vorhandenen Knoten verbunden, wobei die Wahrscheinlichkeit proportional zur Anzahl von Kanten ist, die ein Knoten bereits besitzt, oder anders: Die Wahrscheinlichkeit für einen bestehenden Partner gewählt zu werden, ist proportional zu der Anzahl der Verbindungen, die dieser bereits besitzt: "The rich get richer".[20] Barabasi und Albert haben per Computer ein Modell simuliert, in dem sie die Anfangszustände jeweils variierten (Zahl der Elemente, Zahl der Verbindungen); als Ergebnis aber nach einer gewissen Zeit immer ein Netzwerk mit der gleichen Grundstruktur bekommen. Alle wiesen viele Cluster auf, verbanden jedes Element in nur wenigen Zwischenschritten mit jedem anderen und wiesen Hubs und natürlich das Potenzgesetz auf. Elemente mit doppelt so vielen Verbindungen waren achtmal seltener.[21]

Das Wachstum des World Wide Web und auch des Internets ist von großer Bedeutung im Bezug auf die Entstehung von Naben. In etwa 10 Jahren wuchs die Zahl der Internetseiten von 0 auf mehr als 3 Milliarden Seiten an. Für die einzelnen Knoten bedeutet dass: Je älter also ein Knoten, desto mehr Gelegenheiten hatte er auch sich Verbindungen zuzulegen. Tendenziell sind also Knoten umso größer, je länger sie schon im Netz sind. Darüber hinaus werden bestimmte Seiten bevorzugt verlinked. So z. B. solche, die leicht gefunden werden können, weil sie schon viele Verbindungen haben, allgemein beliebte etc. In der Soziologie ist dieses Prinzip von „die Reichen werden immer reicher" von Robert K. Merton als Matthäus-Effekt bezeichnet worden.[22]

Zusammenfassend kann man also sagen, dass Naben nur durch Wachstum und Verknüpfungsvorlieben entstehen und erklärt werden können. Buchanan sieht in diesem Prinzip, dass die Reichen immer reicher werden einen Mechanismus, einen natürlichen Antrieb beim Aufbau von Small World Strukturen.[23] Man denke dabei aber auch an Gruppendenken, Massenbewegungen und die Wirkungen und Attraktivität von Brandnames.

Dieses „wer hat, dem wird gegeben" führt zu Superknoten, die dann auch die Brückenfunktion übernehmen, aber komplexer sind als „normale" Fernverbindungen, auch sie verbinden Cluster innerhalb des Netzwerkes miteinander, die andernfalls nicht miteinander in Kontakt wären. Diese Hubs übernehmen dann gleichzeitig eine Art aristokratische Herrschaft, eine Herrschaft der Besten. Wenige Superknoten dominieren somit fast alle Verbindungen, ohne das Netz dabei allerdings vollkommen steuern oder kontrollieren zu können; es bleibt nach Barabasi ein Netz ohne Spinne.

Von Superknoten dominierte Netze sind: Internet, Web, sexuelle Kontakte, wissenschaftliche Veröffentlichungen und die Sprache. Netze, ohne Superknoten sind z. B. das neuronale Netz des Fadenwurms, das menschliche Gehirn, Straßen- u. Eisenbahnnetz und das Hochspannungsnetz.

Gründe dafür: Albert und Barabasi konnten zeigen, dass Netzwerke, in denen die am meisten vernetzten Elemente ohne Probleme, wie hohe Kosten, technische Probleme, weitere Verbindungen schaffen konnten, immer zu Netzen werden, in denen Superknoten das Netz dominie-

---

[19] Barabasi & Albert (1999)
[20] Barabasi (2003)
[21] Barabasi & Albert (1999)
[22] Merton (1968)
[23] Buchanan (2002)

10

ren. So gibt es im Web weder gesetzliche Beschränkungen, noch Beschränkungen durch hohe finanzielle oder andersartige Kosten beim Verlinken von Sites. Wenn es Probleme gibt, also Beschränkungen wie z. B. Staus in Verkehrsnetzen, technische Probleme und oder hohe Kosten bei der Realisierung bestimmter Vorhaben, dann entstehen egalitäre Netze, wie Flughafen und Stromnetz, in denen die Verbindungen mehr oder weniger gleich verteilt sind.

3.5. Verhalten skalenfreier Netze bei Störungen und Angriffen

Nach Albert, Jeong u. Barabasi[24] ist die Redundanzfähigkeit von Netzen sehr wichtig, wenn es um potentielle Bedrohungen geht. Als Redundanzfähigkeit wird dabei die Fähigkeit verstanden, dass bestimmte Funktionen von mehreren Elementen ausgeübt werden können, so dass beim Ausfall eines Elements ein anderes Element seine Funktion übernehmen kann und so der Betrieb des Netzes erhalten bleibt. Aber allein diese Fähigkeit reicht nicht aus, um ein stabiles und robustes Netz zu konstruieren. So können zufällige Störungen und Fehler, wie das Abstürzen von Computern oder Routern, oder unkoordinierte Angriffe ein redundantes Zufallsnetzwerk schon in kleine isolierte Subnetze zerlegen, wenn auch nur 28 % der Computer zerstört wurden, also 72 % noch voll funktionsfähig sind. Und wenn jeder zwanzigste Computer zerstört ist, steigt der Durchmesser um 12 %.

Zufallsnetze zerfallen in isolierte Teilstücke, wenn man nur wenige Knoten ausschaltet. Skalenfreie Netze sind sehr robust gegen zufällig auftretende Störungen. Wenn man per Zufall bis zu 80 % aller Router im Internet ausschalten würde, könnte immer noch jeder Knoten des Netzes von jedem Knoten des Netzes erreicht werden. Ein aristokratisch organisiertes Small World Netzwerk verändert seinen Durchmesser bei einem Ausfall von 5 % der Computer noch gar nicht. Und sogar wenn die Hälfte der Knoten zerstört werden, bleibt das Netz noch als Ganzes erhalten. Es bricht also nicht abrupt zusammen, sondern wird nur langsam ausgedünnt. Der Unterschied zwischen den beiden Netzarten ist auf die Superknoten zurückzuführen, die das Web zusammenhalten. Solche Netze sind unanfälliger gegen zufällige Störungen und unkoordinierte Angriffe, so etwas geschieht im Prinzip immer irgendwo.

Dies zeigt aber auch schon die Achillesferse an, wenn es um koordinierte intelligente Angriffe geht, wenn also die Superknoten gezielt zuerst außer Gefecht gesetzt werden. Als Barabasi[25] in Simulationen auch nur 1 % der Elemente (mit den Superknoten beginnend) zerstörte, wuchs der Durchmesser des Netzes schon um 12 %, bei 5 % Zerstörung verdoppelte sich der Durchmesser und schon bei 18 % Zerstörung zerfällt das Netz in eine Ansammlung kleiner Einzelteile. Gezielte Angriffe und Störungen führen überraschend schnell eine Segmentierung, die kaskadenförmig zum kompletten Ausfall des Netzes führen kann. Für diesen Dominoeffekt ist wohl die systemimmanente enge Verzahnung des skalenfreien Netzwerkes verantwortlich. Wenn wichtige Knoten, also die Hubs, gezielt entfernt werden, zerfällt das Netzwerk schnell in Teilnetze. Dieser Problematik begegnet man nun mit „Firewalls", also z. B. einer Verschlüsselung der Daten, Betonwälle für die Hauptknoten des Telefonnetzes. Auch ein Kopieren von organischen Immunsystemen wäre denkbar, denn so könnte im System bestimmte Informationen zurückverfolgt, Aufgaben neu verteilt und Gegenschläge geführt werden. Skalenfreie Netze sind aufgrund ihrer Topologie, ihrer speziellen Vernetzung ihrer strukturellen Unausgeglichenheit so robust gegen den zufälligen Ausfall einiger Knoten oder Kanten.. Es gibt zahlreiche Knoten, aber nur wenige Hubs, so sind kleine Knoten sind bei zufälli-

---

[24] Albert; Jeong; Barabasi (1999)
[25] Barabasi (2003)

gen Fehlern überproportional betroffen und genau sie haben einen geringen Anteil an der Integrität der Netze.

Die Robustheit skalenfreier Netze ist also damit begründbar, dass Knoten mit abnehmender Größe häufiger werden. Zufällige Störungen treffen daher mit einer größeren Wahrscheinlichkeit kleinere oder kleinste Knoten, die zur Vernetzung des Netzes nur wenig oder gar nicht beitragen. Problematischer wird es, wenn doch Naben betroffen sind. Skalenfreie Netze sind somit sehr widerstandsfähig gegenüber zufälligen Störungen, aber empfindlich gegenüber gezielten Angriffen. Dies kann als Vorteil und als Nachteil angesehen werden. So wäre es denkbar, Medikamente zu entwickeln, die direkte Angriffe auf die Naben von Krankheitserregern starten und sie somit schnell außer Gefecht setzen. Als Nachteil ist diese Struktur zu sehen, wenn beispielsweise Hacker gezielte Angriffe auf das World Wide Web oder das Internet führen. Wenn zwischen 5 und 15 % der Naben eines skalenfreien Netzes zerstört werden, bricht es zusammen. Würde man die Angriffe so organisieren, dass die größten zuerst zerstört werden würden, dann die zweitgrößten würde das Netz schon nach dem Ausfall weniger Hubs enorm geschädigt sein. Skalenfreie Netze haben keine kritische Schwelle an der sie zusammenbrechen, wenn ihr „degree exponent" kleiner oder gleich 3 ist. Skalenfreie Netze brechen somit erst zusammen, wenn alle Hubs entfernt sind.[26] Es wäre auch zu denken an Konkurse von Naben in der Biotechnologie, ansteckende Krankheiten, aber auch Gerüchte, Moden und Computerviren.

Ausbreitungen von solchen Epidemien können im Modell als Diffusionsprozesse operationalisiert werden. Es wird dann ein Schwellenwert für die Kontagiosität (Maß für die Ansteckungswahrscheinlichkeit) berechnet, indem sich eine bestimmte Epidemie ausbreitet. Dieser Wert liegt bei skalenfreien Netzen bei Null,[27] somit breiten sich alle Viren im System aus, was vor allem an der quasi übergeordneten Stellung der Naben liegt, die sich über eine ihrer zahlreichen Verbindungen Informationen wie Viren einfängt und diese an andere Knoten weitergibt und so im ganzen Netz verteilt. Um diese theoretischen Überlegungen praktisch nutzen zu können, wäre es beispielsweise denkbar bei Impfungen explizit alle Naben zu beachten. Damit könnten die Kosten für die Behandlung gering gehalten werden. Positiv gedacht können Hubs als Multiplikatoren für Marketingzwecke effizient eingesetzt werden. Hubs und Vermittler können benutzt werden, um Informationen im Netz zu verbreiten oder auch um den HIV-Virus einzudämmen.

---

[26] Havlin & Avraham (2003)
[27] Satorras & Vespigiani (2001)

Literatur

Albert, Reka; Jeong, Hawoong; Barabasi, Albert-Laszlo (1999): Diameter of the World Wide Web, in: Nature 401.

Barabasi, Albert (1999): Emergenz of Scaling in Random Networks, in: Science 286, S. 509-512).

Barabasi, Albert-Laszlo (2003): Linked.

Homepage von Barabasi: http://www.nd.edu/~alb/

Barabási, Albert-László; Bonabeau, Eric (2004): Skalenfreie Netze. In: Spektrum der Wissenschaft. 07/04.

Buchanan, Mark (2002): Small Worlds.

Cancho, Ramon Ferreri; Sole, Richard v. (2001): The Small World of Human Language, Working Paper 01-03-016, Santa Fe Institute, Santa Fe.

Cohen, Reuven; Havlin, Shlomo; ben-Avraham, Daniel (2003): Efficient Immunization Strategies for Computer Networks and Populations. In: Physical Review Letters, Bd. 91.

Davis, Gerald; Yoo, Mina; Barker, Wayne (2001): The Small World of the Corporate Elite, Preprint, University of Michigan Business School, Ann Arbor.

Faloutsos, Michael; Faloutsos, Petros; Faloutsos, Christos (1999): On Power-Law Relationschip of the Internet Topology, in: Computer Communication Review 29.

Granovetter, Marc (1973): The Strength of Weak Ties, in: American Journal of Sociology 78.

Huberman, Bernado A.; Pirolli, Peter; Lukose, James (1998): Strong Regularies in World Wide Web Sorting, in: Science 280, S. 95-97.

Jeong, Hawoong; Tampor, Balint; Albert, Reka; Oltvai, Zoltan N.; Barabasi, Albert-Laszlo (2000): The Organisation of Metabolic Network, in: Nature 407, S.651-654.

Liljeros, Fredrik; Edling, Christofer R.; Amaral, Luis A. Nunes; Stanley, H. Eugene; Aberg, Ivonne (2001): The Web of Human Sexual Contacts, in: Nature 411.

Merton, Robert K. (1968): The Matthew Effect in Science.

Milgram, Stanley (1967): The Small-World Problem, in: Psychology Today 1.

Pastor-Satorras, Romualdo; Vespigiani, Alessandro (2001): Epidemic Spreading in Scale Free Networks, in: Physical Review Letters 86.

Redner, Sydney (1998): How popular is your Paper?, in: European Physics Journal B4, S.131.